善本社

音読は頭がさえる!!

手塚　容子

はじめに

出版の仕事に就いて五十年近くになります。学生の頃に出版販売株式会社の広報課で初めてのアルバイトをさせてもらいました。今考えると出版の世界に縁があったのです。

父、山本三四男は、時事通信社の出版局で二十七年働き、その後善本社を立ち上げて、初代社長を務めました。私が二代目社長になり、もう十年がたとうとしております。自分の足跡を振り返ると、著者を探し、本を発行し、本を広め、本の面白さを読者に伝えることで、常に著者と読者に触れ合い、本が好きな人々が集い、楽しむ交歓の場とさせていただけたように思います。それに今では経営が加わりました。

父は「出版社の社歴は発行図書目録にある」と申しておりましたが、今でも増刷を重ねる本がありますす。善本社の本をご注文くださる読者の皆様には感謝申し上げております。

私は「出版する時したい時」「今出版が面白い」（日本図書館協会選定図書）「肥満予防に帯結び」「教育勅語絵本」を発刊し、音楽ＣＤで「神保町の歌」「神保町で待ち合わせ」「神保町音頭」の三枚をリリースしました。


読書尚友とは、読書をして昔の賢人を友とすることです。

「電子出版がはやっても紙の書籍の素晴らしさを伝え継承し続けるには」と試行錯誤した末、音読会を始めました。

このたび、二〇〇六年から、本好きが集まり、年一回以上の活動を毎年続けている大人の文化祭、「読書尚友音読会」をテーマとする一書を上梓致しました。

初代社長はもう少しで百歳になりますが、毎日新聞や雑誌、本を読み、百歳になったら記念に原稿を書くと申しております。

活字に囲まれた生活を送ることで百歳の古老を「ボケなくしっかりした人間に」と活字の神様仏様が支えてくださっているように思います。

日本は、高齢者が増え続けています。私は神保町に活字の神様仏様がいらっしゃるようにいつも思えてならないのです。なぜなら本を手にしている人たちの目が輝き、知的好奇心にあふれている方が多く、神保町は落ち着いた文化の町だからです。その伝統は江戸時代から続いています。戦火も免れて貴重な本が多く、世界一の本屋街だからです。

人生が長くなった分、一人でも多くの方が活字文化で健康を支えられますように具体例を挙げながら、できるだけ平易な言葉で、私の思いを伝えるように努めました。

読者の皆様が、書籍の魅力を再確認し、緊張感を持って元気に長生きできるよう指南書としてお役に立てれば幸いです。

目次

第一章　本の音読は頭がさえる

音読は素晴らしい

私は出版の世界で五十年近く仕事をさせていただいております。大量生産、大量販売の時代が過ぎ、多品種少量販売の時代を超え、活字離れといわれる時代とともに電子出版が登場しました。

漫画が売れていた時代、書店も本は教養という価値観よりも売り上げ至上主義に走り、利益追求のため雑誌やコミック本を積極的に店頭に並べて売るようになりました。その結果、本（書籍）は二の次になりました。

雑誌は広告収入が入るので、価格も廉価にできます。また写真や絵（イラスト）という視覚効果や読みやすさも読者に受けて大量に販売されました。

しかし、本を読むことによって活字から想像し読解する能力、理解力はどんどん失われていったのです。読解力は本を読むことによって、活字から想像し理解する能力で、理解力は訓練で培うべきものです。熟語でも表現力でも活字を読みながら辞典を引く習慣が身に付いてゆくのです。そして習慣は第二の天性になるのです。

本を読む習慣を大切にしなければ、次々と本を読む習慣は生まれません。そのようにして、本を読む意欲を培うものなのです。

音読：声を出して読むこと。漢字を字音で読むことです。

朗読：声高く読み上げること。特に読み方を工夫して、趣あるように読むことです。

朗読は俳優養成学校で指導されていますが、音読は学校の国語の授業で読者の皆様が、既に体験されている読み方です。

音読は、黙読と違い立って読みますので、目、声を使い、立つための筋肉なども使い、脳神経を多く使います。人前での緊張が人生にメリハリを付け、練習を重ねて深読みするようになります。本来黙読ですと、何回も読むことはありませんが、音読は何回も繰り返し読むので、本を書いた著者の気持が分かるようになり、知らない間に熟読深読みができてきます。そこが音読は素晴らしいと言われるゆえんです。

大人の文化祭

人前で本を音読することは大人の文化祭だと考えられます。

小学生時代を思い出してください。好きも嫌いもなく人前で文化祭の行事に参加していました。学校では体を鍛える場として体育祭、知的な発表の場として文化祭と、一年間の成長を発表する機会が教育の一環として設けられていました。

社会人になると自分の発表することは、会社のプレゼンテーションだったり、仕事の報告だったり、発表の内容は仕事に関することが多く、偏ったものになりがちです。毎日仕事や時間に追われ、一年間が早く過ぎてゆきます。

定年を迎え仕事を終えた人は、何もすることが無く暇になり、生活に張りが無くなります。大人になれば、人前で発表する文化祭に参加することはまず、皆無に等しくなります。そこで、

“アートスペース蔵”にて

一年間読書した本の中から、これぞと思う本を選び音読してみましょう。

ちょっと時間があったら、本屋さんに足を向けてみましょう。気になった本をチェックしましょう。毎日電車での通勤通学、買い物など、乗り物に乗っている少しの時間や、昼食後、就寝前、朝の読書をすることによって、少しの時間でも積もりつもれば、立派な読書時間が確保できます。時間がたくさんある人は読んだ多くの本の中から音読にふさわしい本を決める選択肢が多くなります。

こうして読書した中からこれを音読しようという本にたどり着くでしょう。

年間に何冊かの本を読んで、または書いてその一冊を見つけ出し、その中のどこの内容が音読にふさわしいかを探し出します。

ノートに

「書名」

「著者名」

「出版社名」
「気になって辞書を引いたところ」「何ページ」
「資料を調べた箇所」「出典」
「どこを音読したいか」「候補1」「候補2」「候補3……」
それらをまとめて「音読ノート」を作り書き残しておくと後々便利です。

実際に読む練習

読む本が決まったら、いよいよ大人の文化祭「読書尚友音読会」の練習をします。

「読書尚友音読会」は実際に善本社で開催している、音読会の名称です。二〇〇六年から、活動しています。発表した後、聞いてくださった人に伺うと、「内容に引き込まれ、良い時間となりました」と言っていただくことがほとんどです。それだけに音読者の注意として、人前で音読するのですから、大きな声ではっきりお客様に聞こえるように読み上げねばなりません。

そこで会員の皆さんは、一カ月に一回音読の練習を重ねています。そして本を読む前に必ず発声練習をします。

読む場所が決まったら読みにくい箇所を辞典で調べます。人前で読むのですから誤って読むことは避けたいものです。

固有名詞は特殊な読み方をする場合がありますのでよく調べておきましょう。特に地名や個人の名前の読み方は辞書と違う読ませ方をすることもありますのできちんと確かめたいものです。地名は現在と昔とでは変わっている場合があります。本が書かれた時代に呼ばれ使われた地名で読み、現在の地名をカッコ（　）で紹介するケースもあります。

　その場では質問されなくても、読み手の知識として、事前に言葉の意味も調べておいて読むと、一層聞き手に伝わりやすくなります。

　練習は何回も繰り返し行います。皆さんが歌を歌う時、一人で歌う時と人前で歌う時とでは心構えが違います。一人の時は、間違えたら途中でやめてしまうこともできますが、お客様がいる前では、最後まで歌わなくてはなりません。それと同じで、音読も最後まで、聞く人に話を届けます。ただ一度だけ与えられた時間の中で自己能力を発揮する絶好の機会と考え、発表前に読む練習を必ずして、本番に臨みましょう。

　子どもの頃の劇の文化祭を思い出してください。何回も何回もクラスのメンバーと練習をしたではありませんか。最初はつっかえたり、間違ったりしていた言葉が、何回も繰り返すうちにすらすら言えるようになり、そのうちに暗記ができてしまいました。さらに感情を込められるようになったりしました。

　音読も練習し、やま場をつくったり、静かにゆっくり読んだりするなどひと工夫もふた工夫もして完成度を高めましょう。

　自分自身の中で読むと決めた文章を工夫して読みます。

年とともに平凡な日常生活の繰り返しになり、生きている張りがないと考えるなら、その日だけは特別に身だしなみを整えて臨みましょう。

　身だしなみを辞書で引くと「服装や言葉、態度もきちんと整える心掛け」とあります。おしゃれをするも良し、清潔な感じを聞き手に与えられれば良いでしょう。普段着ている洋服ではなく、ぱりっとした洋服を着ましょう。

男性のメンバーで和服を着て出場された方がいます。和服に挑戦するのも日常であまり着ないことにチャレンジできたので、人生のめりはりを感じることでしょう。

「馬子にも衣装」と言うことわざがあります。

馬子とは馬を引いて人や荷物を運ぶことを職業とする人ですが、「誰でも外面を飾れば立派に見える」のです。知的でぱりっと見える洋服を着ましょう。それによって音読に雰囲気が加わり、仕上がりが立派に見えるようになります。

音読の姿勢

音読する時の姿勢ですが、おなかを使う腹式呼吸で行います。背中が丸まっていると声がよく出ません。

鏡の前に立ってみましょう。人は右肩や左肩が少し上がったり下がったりしているものです。それを矯正します。

人の体は骨が支えています。その回りに筋肉や脂肪があります。体が傾いていると不安定になり、ますます背中が曲がったり、体が傾き、腰痛になったり膝痛になったり首が曲がったりします。それは健康、長寿を望んでいる人にとっては不安なことです。音読の時は立って発表しますので、それなりの体力が必要です。鏡の中の自分は、大丈夫ですか?姿勢が美しくなかったら、その忍び寄る不健康な体形を鏡の前でチェックしておきます。

前からですと右肩の高さと左肩の高さが横一直線になっていますか?あごを引いておなかを伸ばしましょう。腰は曲がっていませんか?淋巴《りんぱ》鼠径部《そけいぶ》を前に出し、正しい立ち方をしましょう。そし

山田書店にて（著者）

て腹部に手を当てます。おなかいっぱいに息を吸い入れ、なるべく長く息を吐き出します。長く呼吸をすることによって読点、句読点までは一気に読みあげます。

　声帯は、咽頭の中央部にある発声装置です。甲状軟骨の内面にある靭帯《じんたい》で空気の通路の声門の幅を縮め、肺から送り出される空気によって振動して音が出ます。その靭帯は使わないと退化します。体の器官は使わないことによって小さくなり機能が減退しますので、なるべく使うようにして声を出す習慣を身に付けましょう。

　声帯そのものは筋肉でないので鍛えられませんが、音読の発声で声帯の回りの筋肉を鍛えることにつながります。

アクセント

　アクセントには……

　東京式アクセント、

東京式アクセントに似たアクセントと、
京阪式アクセント、
京阪式アクセントに似たアクセント、
東北地方で用いるアクセント、などいろいろあります。
関東と関西ではアクセントの高低が逆になって発音し、地方ではアクセントが全然違います。発音も同じでない地域もあります。

私たちが使っている日本語は文字と同じように発音も正しく使い続ける責任があります。

台湾出身のAさんと言う女性の歌手がいます。その人の話し言葉はおかしなアクセントで日本語を話します。自分ではかわいらしい、たどたどしい日本語をアピールしているつもりでしょうが、大人になった今も国連や国の機関での仕事の時もおかしなアクセントで話しています。

外国人に接した時、初めてAさんのおかしな発音を聞いた人はそれが正しい日本語のアクセントだと間違えて覚えられたらどうしますか？Aさんはテレビ番組に出演して講演もし、歌も歌い、その長い間の活動で使われた変な発音は数十年間も垂れ流され続けているのです。

日本の政府が招請し、外国でも仕事をしているので、優秀な方だとは思いますが、私はその人がテレビで話し始めるとチャンネルを変えてしまいます。わざと変なアクセントで話しているとしか考えられないので、日本のアクセントをいつまで冒涜《ぼうとく》したら気が済むのかあきれてしまうからです。

どこの国・地域でも自国・地域の言葉には誇りを持っています。正しい発音を心がけましょう。

本を音読する時のアクセントは東京式アクセントで行います。特にアナウンサーを志すわけではありませんので、それほど正確にすることはありませんが前出のAさんのようにわざと違ったアクセントで読むことはしないようにしましょう。正しい日本語を使い続ける責任は後世に継承してい

大阪四天王寺、太子堂にて（著者）

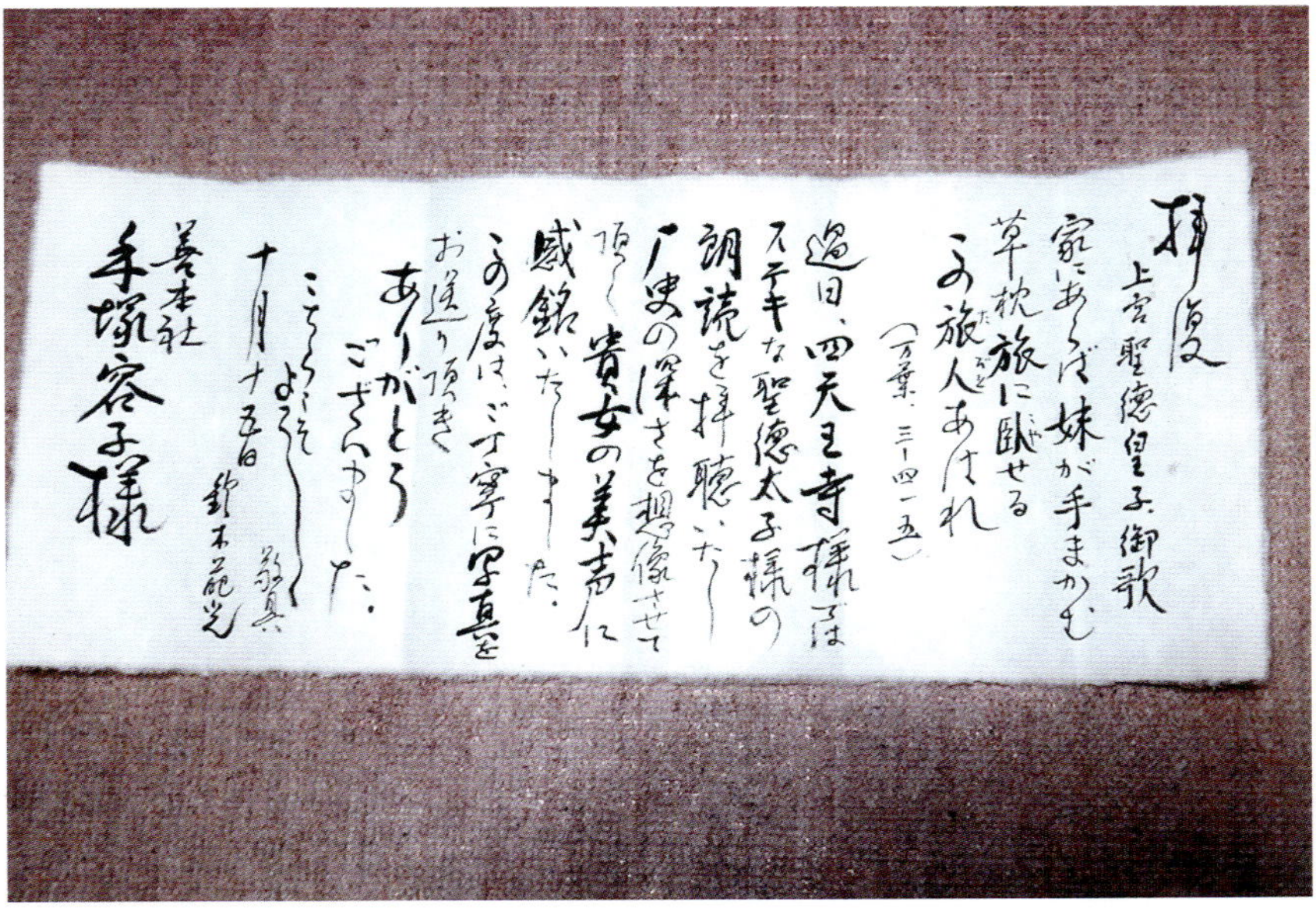

拝復
上宮聖徳皇子御歌
家にあらば妹が手まかむ
草枕旅に臥《こや》せる
この旅人《たびと》あはれ
（万葉・三－四一五）
過日、四天王寺様では
ステキな聖徳太子様の
朗読を拝聴いたし
歴史の深さを想像させて
頂く貴女の美声に
感銘いたしました。
この度は、ご丁寧に写真を
お送り頂き
ありがとう
ございました。
こちらこそよろしく
敬具
十月十五日
鈴木範光
善本社
手塚容子様

感想のお手紙

かねばなりません。

正確なアクセントで話すことや大きな声を出すことは日常生活にも役立ちます。年を取ると声が小さくなりますので、日頃から人に聞こえるよう大きい声で話しましょう。

アナウンサーが話す言葉ははっきり人の耳に聞こえます。また、俳優さんや歌手も大きな声を出し、お客さんの元へ声や歌を届けようと努力しています。ホールの隅々まで聞こえるように発声練習をして鍛えているのです。

音読とは

声を出して読むことは、漢字を字音で読むことです。

字音とは、漢字の発音、国語化の発音、古音《こおん》、呉音《ごおん》、漢音《かんおん》、唐音《とうおん》などの種類があります。

古音とは、呉音以前に日本に伝わった漢字音です。

漢音とは漢字音の一つで、日本漢字音の一つで、唐代、長安の地方で用いられ、遣唐使、留学生などにより伝えられました。「行」（カウ）、「日」（ジツ）とする類いです。

呉音とは、日本漢字の一つで、古く中国の南方系の「行」（ギャウ）とする類いです。仏教用語など後世まで用いられました。

唐音とは、日本漢字音の一つ。宋、元、明、清の中国語を伝えたものの総唱です。禅僧や商人の往来に伴って伝えられました。「行灯」（アンドン）の類いです。

今、文部科学省で導入している用字を音読会では、発音しています。

学士会館にて

本には五つの楽しみがあります。
一つ目は、本を書く楽しみ
二つ目は、本が完成する楽しみ
三つ目は、一人で読書する楽しみ
四つ目は、音読する楽しみ
五つ目は、皆で一緒に聞く楽しみ
私は音読をさせていただく機会がありますが、聞き手によって読み方を変えなくてはならないことに気が付きました。

音読をする時、対象が子どもの時と大人の時、おじいさん、おばあさんが対象の時では少し話し方を変える必要があります。聞く人が理解できる範囲内で読まないと成功とは言えないからです。

なぜなら、お年を召すと耳の遠い方もいますのでゆっくり大きな声で話してあげる。子どもさんの場合は飽きやすいので緩急変化を付けて、飽きた顔をした時の工夫も必要です。内容もスピードも聞き手に合わせる工夫をしてみましょう。

本を書くことの楽しみについてご紹介致します。

私は本を四冊出版しました。本の原稿が脱稿した時、校正で初校が戻ってきた時、本が完成した時、知人に渡す瞬間、読んでくださった方からの手紙など、本を書く楽しみも味わってきました。

今は、出版社を経営することにも力を入れていますが、読書や音読で本当に楽しい空間に身を置けることを感謝しています。毎日飽きることが全くないからです。どうしたら人間らしく知的に生きられるかのヒントが、先人の著した本で見つけることができるからです。

自分の書いた本を音読し発表した方も多くいます。その方は書く楽しみ、資料を読書する楽しみ、そして音読の楽しみを味わい、その時撮った写真やビデオなどを何回もご覧になっているそうです。

発声練習

発声練習の目的は「声量を大きく」「滑舌を良く」するためです。そして「子音」「母音」を明確に、単語を正しく発音することです。

大きな声をいきなり出そうとして、喉を痛めてしまうことがあります。

まず、起立しておなかに手を当てます。思い切り息を吐き出してください。（おなかがぺたんこになりましたか？）

次に、手に感じるぐらいおなかを膨らませてみましょう。（おなかが膨らんだのを感じましたか？）これを三回繰り返します。

次に「あいうえお」「あいうえお」「あいうえお」と三回言います。

次に大きなホールで会場の隅々まで聞こえるように、遠くを見ながら「あいうえお」「あいうえ

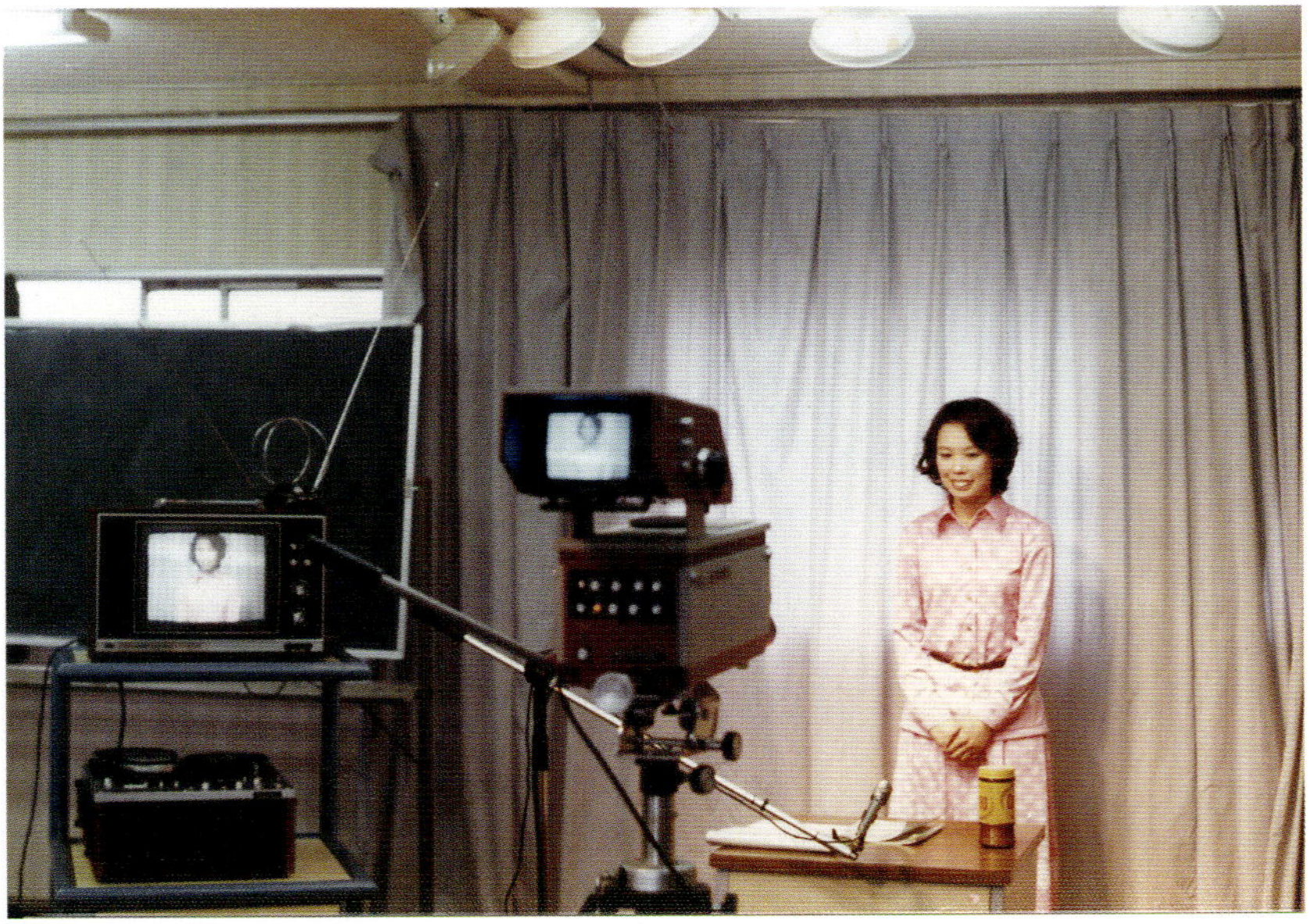

アナウンサー養成所で研修を受ける（著者）

お」「あいうえお」と三回言います。どうですか腹筋を使って声を出せましたか。最初の時の声との違いを感じてください。

終わったら、これから選んだ本を読みます。腹式呼吸で読むと長時間の音読でも続けることができます。

また大切な内容は早く読まず、聞き手にはっきり聞こえるように丁寧に読みましょう。

文章の最後の部分は、多くは「です」「ます」です。そのところまでスピードを早めず声に出します。

大きな声で言ってみましょう。☆◆このところは声を出して練習してください。

☆あーいーうーえーおー　あーえーいーおーうー

（おなかに手を当てて）（腹式呼吸でおなかの膨らみを確認します）

今度は、先ほどより、音程を高めに一音を長めに発声練習をしましょう。

☆あーいーうーえーおー　あーえーいーおーうー

次に音程を低く定めもっと長めに発声練習をします。

☆あーいーうーえーおー　あーえーいーおーうー

あ、は口を大きく開けます。い、は口を横に開きます。う、は口をとがらせます。え、は口を横に四角く開きます。お、は少し口を開けとがれせるようにします。日本語は、か行、さ行、た行、な行、は行、ま行、や行、ら行、わ行はそのまま伸ばすとアイウエオになります。

【母音《ぼいん》】とは声が口を出るまでの間、通路が舌や唇等で妨げられない時の音、標準日本語ではアイウエオの五つを指します。

これで普通の速さの練習ができました。時間がある人は一回目より大きくはっきりを心がけもう一度言いましょう。

次は軽やかに、あいうえおを言ってみましょう。

◆赤ちゃんかわいい　あいうえお

◆かろやか音読　かきくけこ

◆さくら満開　さしすせそ

◆たくさん夢もつ　たちつてと

◆眺めは絶景　なにぬねの

◆はっきり聞こえる　はひふへほ

◆毎日発声　まみむめも

◆やっほうー　こだま　やいゆえよ

◆楽に声出し　らりるれろ

◆私は本好き　わいうえお

今度は口動きの滑舌を良くするために早口言葉を言ってみましょう。

☆坊主が　びょうぶに　上手に　坊主の絵を描いた

☆坊主が　びょうぶに　上手に　坊主の絵を描いた

☆隣の　客は　よく　柿食う　客だ

☆隣の　客は　よく　柿食う　客だ

☆カエルぴょこぴょこみぴょこぴょこ、合わせてぴょこぴょこむぴょこぴょこ

もう一度　み（三）と　む（六）を意識してしっかり言います。

☆カエルぴょこぴょこみぴょこぴょこ、合わせてぴょこぴょこむぴょこぴょこ
☆庭に　二羽　ニワトリがいた
☆二羽　庭に　ニワトリがいた
☆ニワトリが　二羽　庭にいた

◆パパママパパママ　ぱぴぷぺぽ
◆学校　昼ごろ　がぎぐげご
この文には鼻音化するものとしないものが含まれています。気が付きましたか？
がぎぐげごは鼻にかかる鼻音化するものとしないものとがあります。
学校のがは、鼻音化しません。銀、ゴム、下駄、も同じです。
言ってみましょう。
☆学校　銀　ゴム　下駄
そのまま言えましたね。
今度は鼻にかかるように発音します。語中、語尾のが行は鼻音化します。
言ってみましょう。
☆春が「が」、柳「ぎ」、ウグイス「ぐ」、告げる「げ」、昼ごろ「ご」
言えましたか。発声練習は聞き手にはっきりと声を届けるためにすることです。こんなくだらないことをと思わないで練習してみましょう。

ベテランアナウンサーも発声練習は行っています。発声練習をすると、買い物に行った時でも、

レストランでのオーダーでもきちんと発音できますので伝わりやすく良いことです。言いにくい言葉は何回か繰り返しましょう。

年を取ると声帯にしわがよりしゃがれ声で、聞き取りにくくなるとよく耳にします。

一人暮らしをしていると話す機会が少なく声が小さくなり、言葉がなかなか出にくいといいます。今日のように飲み物も自動販売機、スーパーでも精算機、電車、銀行、携帯電話のメール、パソコンでのやりとりなど多くなりました。

今後日本は人口減少でますます機械化は進む傾向にあり、それは、避けて通れないことでしょう。話す機会が無くなっていきます。努めて声を使い、張り上げて声を鍛えましょう。

健康維持のための筋力アップが叫ばれていますが、声帯の周辺筋肉を鍛えることで、つやや張りのある声になり若々しさを保つことができるでしょう。

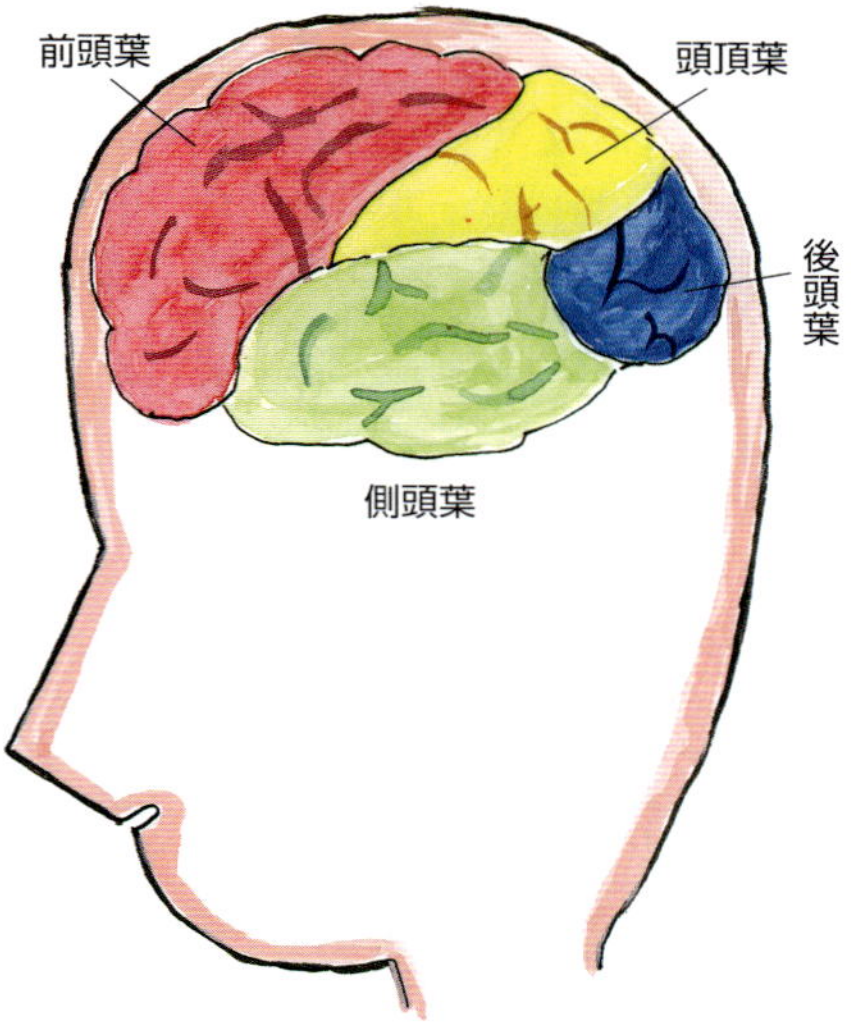

脳を使う

人間の脳はいろいろな働きをしています。頭は大変重く、大切な機能が詰まっています。非常時に頭をかばうことを教えられているのは、それだけ大事な場所だからです。

人間が動物と違うのは他の動物にない大脳皮質の発達が影響しています。

脳は大きく分けて四つに分けられます。

「前頭葉」「頭頂葉」「側頭葉」「後頭葉」です。

前頭葉は、大脳皮質の中心溝と外側溝によって囲まれた前方部分です。広範な繊維連絡を持ち、脳の司令塔とも言われています。意志、思考、言語、感情、創造など高い精神機能と関連しています、物忘れ防止、記憶につながる部分です。

頭頂葉は、感覚野といって触って見ないものでも、指先の感覚情報のみで分かるような、本性感覚、熱い、冷たい、痛い、などの多くの機能に関係しています。

側頭葉は、人の大脳皮質の左右側面にある部分です。聴覚、嗅覚、言語を理解する、中枢部です。

後頭葉は、大脳の後ろにあり、目の映像を感じる視覚中枢が占めています。

脳の働きが理解できたところで、音読と黙読の違いについて考えてみましょう、黙読をするより、音読をした方が脳に複数の感覚を刺激します。ですから、音読の方が脳の動きは活発になります。

人前に出るのが苦手な人も脳に刺激を与え健康的な生活を送るためには、未知の知識を音読することで、脳を活発に動かすことができるのです。

音読する学生は成績が向上する

学生の頃は大変頭が柔らかく、教科書を数回読むとすらすら暗記ができ、さほど苦労しないで頭に入りました。テストの日の朝も早起きして、ポイントをもう一度読むことによって鮮明に頭に記憶され、問題が解けたことは、読者の方も経験があると思います。

一日に数十分音読をすると成績が向上する、と多くの塾や、進学校が取り組んでいます。特に英語は音読により、とても効果があります。

英語はライティング・ヒアリング・リスニング・スピーキング、を必要とします。このスピーキングの力を強化します。

国語や社会においても、文章を理解する力を補うにも音読が効果を発揮します。国語の成績が良い人は読解力が備わっているので、あらゆる教科の成績が良いと教師の経験者が、言っていました。

本は、新漢字が出て来た時に、読めない漢字は必ず漢和辞典で調べておかないと音読をする時は声に出せません。辞書で調べることは勉強になり、新しい語彙《ごい》を増やすことができます。

元東大生が読書をする時に、輪読を多くしたエピソードを話してくれたことがありますが、その後の議論も仲間でしたことが楽しかった、と言って学習法を紹介してくれました。

声を出すことは、成績の向上に役に立つことがお分かりいただけましたでしょうか。

人前でおしゃれを

人前に出る時はおしゃれをしましょう。いつもより少しだけおしゃれをして音読会に出たらいかがでしょう。年齢を重ねるとどんな洋服を着てもいいと、おしゃれに無頓着になりやすいものです。加齢臭も出てきますので、若い人には嫌われてしまいます。

音読の日は、おしゃれをしましょう。洋服ならチーフや花を胸に着けるだけでも、いつもと違う自分が演出できます。香水を付けるのもいつもと違う特別な演出です。前日は入浴し頭から足先まで奇麗にします。当日歯を奇麗に磨き、髪の毛を整え、ひげをそり、爪を切り清潔な装いですと、人はそれだけで好感が持てます。

学士会館にて

和服も改まった感じが出て良いと思います。日本人ほど和服が似合う国民はどこにもいません。それもそのはず、日本の民族衣装だからです。和服は着付けに時間がかかります。洋服は自分の体形に合った布を裁断し縫い合わせているので、簡単に着ることができます。しかし、着物は直線縫いでできていて、着付けや着方次第でやぼにも粋にもなります。

洋服より和服の方が雰囲気を出せる良さもあります。男性も普段着ない着物で楽しむことができます。作家はちょっと売れてくると着物を着て写真を撮り本の中に登場しますが、文学や文章の世界には和服がよく似合うと思います。

善本社の「読書尚友音読会」では、女性も男性も着物で発表する方が少なくありません。和装は心に余裕がなければ着ることはできません。歩くときも、食事のときも和服の所作を心得ておかなければならないからです。それだけに普段より皆とてもすてきで、日頃の自分でない余裕が「はんなり」とした振る舞いを生み、素敵な思い出深い一日を過ごせます。もちろんスーツの方も、ドレスの方も大人の立ち振る舞いがすてきです。まさしく「大人の文化祭」なのです。

電子ブックの登場によって、紙媒体の書籍は押され気味ですが、少しおしゃれして、文章を読み上げることで、いつもと違うすてきな自分を発見するチャンスです。

正確な読み

子どもは何回も同じ絵本を読んでとせがみます。

茨城県で長く読書推進運動をされたKさんとお話しする機会がありました。その方は自分の子どもに一生懸命読み聞かせをしてきたそうです。

何回も同じ本を読み聞かせをしてやった結果、自分も子どもも文章を暗記するくらいまでになりました。

ある時、自分が忙しいので、おばあさんに本の読み聞かせを頼んだそうです。

おばあさんは、本の一字一句を忠実でなく適当に読んでしまったそうです。すると、子どもたちは「そこは、そうじゃない」と言いだし、誤りを訂正したとのことです。そしてお母さんの忠実に読む姿勢を好んだそうです。

時はたち、その子は反抗期を迎えました。小学五年生になった時、波多野勤子さんの育児書を持ってきて、「子育て、子どもにてこずるほど期待できる。と書いてあるでしょ」と言ってきた時は驚いてしまいました、と笑っていました。その息子さんは、今では立派な医師になっておられます。

Kさんは、茨城県で地域の読書推進運動の一翼を担ってきました。

家族で楽しむ音読

茨城県の各地を回って読書会を開き、本の魅力、読書の楽しさ、読書の意義を説き続け、読書推進運動を推進してきました。

課題図書を選定し、グループごとに各自が精読し、感想文を書いたり、話し合ったり、聞いたりする場を設けるなど読書会の評判は良く、長く続きました。また茨城県立図書館から本を借りて、自宅を開放して児童文庫（読書室）を設けて、子どもたちと一緒に本を読みました。読書力によって心豊かな子どもが育つようにと尽力されたのです。読書推進運動は現在も次の世代に引き継がれ続いています。

功績が認められ「第十五回茨城県読書振興大会読書普及功労賞」を受賞しました。幼少の頃から、読み聞かせと読書が好きになり、さらに勉強好きになることはよく知られています。

音読に合う楽器

善本社では二〇〇六年から「読書尚友音読会」を開いております。「和」の雰囲気を大切にしたかったので拍子木、三味線、琴などに合わせ音読の会を盛り上げています。

子どものころはアップテンポの曲の好きな人でも、大人になると琴や三味線の音色が、いい音色に感じるものです。

二〇一八年十一月の音読会は、三味線、琴に交じって琵琶を演奏して披露しました。琵琶、琴、三味線は誰でも弾けるものではありません。出演メンバーに和楽器の芸達者がそろうと会場はしっとり、うっとりした雰囲気になります。

音読が主ですので、本を読んでいる声を打ち消さないように配慮します。

楽器を入れることが、ポイントでしょうか。本書の中に、和楽器の音色をお届けできないのが、残念です。興味のある方は音読会にいらして生の音を聞いて、「大人の文化祭」を楽しんでください。

一年に一度のために、和楽器を練習することも人生のチャレンジになります。音読と同じで、人前で披露しようと思うと練習にも熱が入るでしょう。

私は出演者が音読をする位置の前まで歩いて行き、止まり、一礼をする前までの間三味線を弾いています。音読に華やかさが演出できるからです。

落語家が自分の出番になったとき、出ばやしの演奏中にマイクまで進みますが、それと同じで、始まると曲は止めます。

学士会館にて（著者）

ここで三味線の歴史について触れておきます。

三味線は、諸説ありますが、永禄（一五五八年～一五七〇）年間に琉球から泉州堺に伝来した蛇皮を張ったものを改造し、琵琶法師たちが演奏したと伝えられています。それが日本の楽器として発展、日本固有の弦楽器「三味線」となりました。さおは約三尺二寸（九十七センチ）で蛇の皮でなく猫や犬の皮を胴の両面に張ってあります。

最近では、文部科学省が日本の教育で琴や三味線を弾けるように、郷土の音楽や伝統音楽の良さを、味わい親しむように三学年を通じて一種類以上の表現活動をする教育を展開しています。

三味線は西洋の弦楽器と違い何通りかの調弦があります。曲ごとに「本調子」「二上がり」「三下がり」と調弦をします。これを「調子」を合わすといいます。

「今日は調子が悪い」「調子がいい」と仕事でも体調でも普段何気なく使っています。押さえる左手の位置が合っていても、調子合わせが狂っていると、正しい曲は弾けません。弾く前の準備段階で「調子を合わせて」正しい音色で演奏できます。「調子」の語源はここからきています。

三味線は、左手指先爪で音色を決めますので譜は西洋の五線譜ではなく、三本の線に押さえる番号が付いています。

右手には、ばちを持って引いたり、爪弾きといって右手の人指し指の爪で弾いたりします。音読会では、いろいろな曲を聞いていただけるよう一人ひとりが違う曲を弾き、音読が引き立つように、工夫しています。

第二章　読書

読書は孤独な作業ではない

読書は、普段は一人で楽しむものです。難しい本を読む時や本の一部を暗記する時は、一人で読んだほうが頭に残ります。

しかし皆で子どもの前で、読み聞かせをする、読み終わったあと、すぐに感想を言うことができる知人がいたら、読書に張りが持てます。そうすることによって、読書が孤独な作業になりません。また、ある人が言っていた話ですが、地方から、東京の学校に通うようになり、方言で話す自分をやゆされたので、ますます話しにくくなりました。落ち込むと本を探しに本屋に行き興味ある本を探し、またある時は図書館に行くようになったそうです。いつしか本の虫になっていました。するとますます夢中になり、研究心が目覚め、興味ある学者の本を読みあさりました。するとどうでしょう、その人は学者の道を歩み始めました。その頃になると、方言をやゆした友人たちが、「僕の知り合いに立派な学者がいるんだ」と自慢するようになったそうです。

「ナポレオン」によると、コルシカ島出身のナポレオンは、フランスにある陸軍の幼年学校に入りましたが、友人たちと仲が悪くいつもけんかをしていました。いつしかナポレオンは図書館に行き本ばかり読んでいました。その中に戦術の本も含まれていました。ナポレオンは読書ノートを作り、本の内容を書き記していました。ある日クラス対抗の雪合戦をすることになりました。相手の

チームと戦い白旗を挙げ降参した方が負けです。

　ナポレオンはチームのリーダーとなりました。相手チームは最強クラスでした。ナポレオン・チームは初めから玉を作る役目の人数を半数と決め、雪を丸く固めました。残り半数は上着を脱ぎ、前に進む時相手の玉が顔に当てられないように防御しながら攻撃しました。少したつと相手チームの雪玉が切れてきました。それから玉を作っては投げる戦いになりました。始まった時は互角の戦いでしたが、相手チームの玉はしっかり握れていない、ふわっとした雪玉です。

　しかしナポレオン・チームは半数が固い雪玉を作る人、投げて敵に命中させる役務の人がいるのでひるむことはありません。雪玉が無くなると取りに戻り、またコントロール良く相手チームを攻撃しました。

　しばらくすると相手チームは固い雪玉に「参った。降参する」と白旗を掲げました。

　ナポレオンの戦術がうまかったのも陸軍の幼年学校の蔵書にある兵隊を育成するための本を

たくさん読んだからでしょうね。本は読んだ本によりその人の思想や行動に表れます。読書は人なりです。

日本には、「日本書紀」「古事記」など古い本が残されています。それも活字で残っているので、現代人の私たちでも読むことができます。

神道の始まりも、仏教の伝来したことも、経典を書くお弟子がいたことも、本という形で残っているので、時空を超えて本を読み教養を積むことができます。

先日ノーベル賞を受賞した人がインタビューを受けていました。「どうしてこの研究を選ばれたのですか?」タイトルは分かりませんが「研究の考えの元になる本を読み興味が湧いて」と答えていました。

人はさまざまな本から影響を受けて今の思考を支えています。それは多くの読者も感謝していることだと思います。

読書で助かることもある

家に不在で、荷物が届いたのを再配達してもらわないといけない時、時間指定の待ち時間は読書時間です。いつ来るか分からない配達物を待っている時は受け取り確認の印鑑を手にして配達する人が来るまで読書時間となります。玄関付近で待っていたら配達する側も早く渡せて助かります。

地方に行って電車の到着、出発までの空き時間ができたら、一冊本を持っていれば待合室やホームで読むことができます。

風邪を引くと病院に行きますが、待合室でも読書ができます。大きい病院では、待ち時間が予測できません。何もしないで待っていていつ自分は呼ばれるか、とじぃーっと待つ時間を読書の時間に切り替えれば、いらいらは少しは軽減します。

ご主人がいつも出張で家を空けることが多いという奥さんが、「子どもがいないので、一人の時間が多過ぎて、夜の一人の孤独な時間を耐えることが、いつまでも夫婦でいられる秘訣《ひけつ》です。そこで長い夜は本を読むことにすれば楽しいです」と読書する楽しさを語ってくれました。

いつだったか、前を走っていた電車が事故に遭いました。後続の私の乗っていた電車も、前の電車が事故検証の間、止められました。

乗っていた電車の中には「いつまで止まっているんだ」と怒りだす人もいました。私はその時、本を持っていました。待っている間読書をして過ごしました。

人と待ち合わせをしている時にも本を持っていると、いつ来るかきょろきょろすることはありません。指定場所さえ合っていたら、必ず来るので待ち時間は貴重な読書時間に変わります。

六十五歳になったAさんは定年を迎えると家でテレビを見て、食事をして、またテレビを見て、おやつを食べ、またテレビを見てごろごろ、その繰り返しの毎日を送っていました。

悠々自適の生活を満喫していると、体重が十二キロも増えてしまいました。

体が重くなったのでますます怠け癖が付いてしまいました。

もう一度やせる仕事に就きたいと考えていたところ、「介護の仕事に就けばやせますよ」とのアドバイスをもらい、早速ヘルパーの本を買いに行きました。

学士会館　善本社40周年で音読を

本の中には、2級とか1級とか資格によってできる仕事も分かりました。

資格を取るのに専門学校に通い、もう一度若い人に交じって学習しました。

意外と高齢になっても働けると八十歳まで頑張ると決め、皿洗い、入浴手伝い、食事介護、トイレ介護、などの仕事をしています。

体重も、元に戻りました。

自分が介護を受ける時に本当に役立つし、家でテレビと食事だけの生活より、必要とされて、頼られることがとてもうれしいと、生き生きされておられます。書店に駆け込み看護の本を購入し、勉強して資格を取ったことで人生を180度変えました。

あのまま行ったら、ひどい肥満体形でしたが、今は看護の資格を的確にこなす人に変身したのです。

会社勤めをしていたBさんは人前でお話しするのが得意でした。そのBさんは、同僚の結婚式の司会を時々頼まれていました。会場を盛り上げるために、「司会の心得」「司会の進め方」など関係する分野の本を書店で買い求めて読むなど、研究熱心でした。

いつしか、同僚の結婚式の司会だけでは物足りなくなりました。新聞で「司会のワンポイント」の記事を見つけ参加しました。二時間くらい司会で困らないアドバイスを受けました。例えば「会場を盛り上げるために部屋を暗くしてスポットライトを使う時、司会者が手放せないのが懐中電灯」「マイクにハウリングが起こった時マイクの方向を変えると直せる」などです。主催者が結婚式場だったのも幸運でした。頼まれた司会も時間の都合が合う時だけ手伝いができるシステムもあることを知りました。登録しておいて新郎・新婦に気に入ってもらえれば仕事を回してもらえるとのことです。

早速登録を希望しました。寸志を頂けますが、知り合いでもないので失敗は絶対に許されません。「結婚式にふさわしいことわざ集」「人生のはなむけの言葉」など書店に行っては、ネタ本を探し、使えそうな話を見つけては声を出して音読練習しました。

結婚式の司会も何度か行ううちに、少しずつ慣れて、今では「第二の仕事にしたら」と勧められるほどになりました。

書店に行くと無意識に司会に関する本の売り場に向い関連本を買い求めるそうです。「書店は常に自分を応援してくれる場所です。書店がなかったら、こんなに気が利いた言葉を見つけることができなかったでしょう。今でもネタ探しの秘密基地です」と言ってにっこりほほ笑んでいました。

小学生6年生のCさんは、卒業に当たって「将来なりたい人」というテーマで作文を提出することになりました。

今まで何になりたいかなど一度も考えたことがありません。Cさんは学校の教科でも飛び抜けて得意なものもありません、成績は平均して良い方ですし嫌いな教科もないのです。

その宿題をもらってから、何になりたいか自分探しに悩むようになりました。偶然入った書店には「なるにはシリーズ」がずらりと並んでいました。

「医者になるには」「弁護士になるには」「スチュワーデスになるには」「教員になるには」「新聞記者になるには」「ピアノの調律師になるには」「会計士になるには」「公務員になるには」「警察官になるには」「自衛官になるには」「消防士になるには」「パイロットになるには」……これはほんの一例です。業種でいうと、銀行業界、音楽業界、広告業界、電力業界、ガス業界、食品業界、保育業界、放送業界、建設業界、医薬品業界、半導体業界、アパレル業界、コンサル業界、不動産業界、ホテル業界、物流業界、アニメ業界、福祉業界、証券業界、旅行業界、映画業界、総合商社、派遣業界、教育ビジネス、保険業界、ファッション業界、住宅業界、金融業界、美容業界、化粧品業界、通信業界、水ビジネス業界、健康ビジネス業界、自動車業界、病院業界、機械業界、印刷業界、薬局業界、農業業界、環境ビジネス業界、など仕事がいっぱいです。

小学生なら、これからの勉強次第で仕事の選択肢をどんどん広げることができます。

Cさんは自分に興味のある本をいろいろ読み、職業によっては資格が必要なことも分かりました。一つずつ見学することはできませんが、本によって予備知識を得ることができました。そして受験のために高校で出て来る選択科目も単位の取得が必要なことも分かってきました。

自分が受けている教科が、職業と関わったり、高校生になると目指す職業によって選択が必要だということがはっきり分かり、勉強に取り組む心構えが変わってきました。

結局、パイロットになり、大空を飛ぶ仕事に就きたいと卒業の作文に書きました。それからジェット機、ヘリコプター、セスナのパイロットに興味を持っていずれかの操縦士になるための勉強をしようと決めた作文をつづったところ、先生から「卒業前に進路をはっきり決めてくれて、将来が楽しみだ」と言ってもらえました。

書店で見つけた本が将来を決める手助けになりました。本は自分の将来や人生を助けてくれる進路相談者もしてくれる頼もしい助っ人なのです。

筆者が会社にいた時、確か十二月だったと思います。Dさんが会社に来られて、突然頭を下げ「ありがとうございました」と言われました。

しばらく深々頭を下げられた後、「何をしたかは、申し上げられませんが、あることで私は会社に大変なことをしてしまいました。誰一人理解者もおりませんでした。その時、善本社から発行されていた「権威」を何度も何度も読み返し、くじけそうな気持ちを乗り越えることができて救われました。このような素晴らしい本を発行していただいて、本当にありがとうございました。やっとその問題が解決したので、今日はそのお礼に来たのです」と話されました。

見れば立派な紳士です。四面楚歌《そか》に遭い、問題解決までの間、苦しい思いをされていた時「権威」と出会い、本の中からヒントをもらい、解決までの苦しい時をじっとこらえられたのでしょう。

私はその話を聞いて、出版社冥利《みょうり》を感じました。

善本社ではこの本は、毎回音読で発表しています。「権威」は大正時代、昭和時代、平成時代と増刷を続けています。また四カ国語に翻訳されています。

九段の“かがやきプラザ”で講演中に音読をする著者

大変な読書家であっても、学者であっても神保町の本屋の店頭にある全ての本をよみ終えた人はいません。ましてや日本全国の書店にある本の数は世界一ですから、全部読破することはできないでしょう。

そのような意味でも本の世界は奥が深く幅が広いのです。読み終わることが無い永久に知的好奇心をくすぐる世界なのです。

一人の時も何か夢中になれる時は孤独を感じることはないでしょう。

読書は本当に楽しい世界ですから、ぜひとも、知的生活を一生自分の向上に役立つ畏敬の友としてお付き合いいただきたいものです。

目に良い食べ物

読書をする時に目が悪くなると、メガネや、拡大鏡を使って読むことになります。

読書家は目に栄養を上げられる食事を考えたいものです。目に関係する栄養素としては、ビタミンAが挙げられます。ビタミンAが欠乏すると夜盲症や、乾燥眼炎感染に対する抵抗力が減ると言われています。食事の中にビタミンAの含有量の多い食品を取ることを心がけたいものです。肝油・バター・卵・にんじん・パセリ・小松菜・春菊その他緑葉野菜・ウナギ・鶏の肝臓・豚の肝臓・あんこう肝・あまのり・ほしのりなどに多く含まれています。

食品はビタミンAのみでいいのではありません。いろいろな栄養素が含まれているバランス良い食事を心がけることが大切です。読書に夢中で食事をお菓子で代用することは避けてください。昔から医食同源と言って食事が自分の体を構成していることは、健康志向の世の中ですから、周知されていることでしょう。

目の体操

目を支えている筋肉の体操をしてみましょう。

顔を動かさないようにし、目だけを、上に動かします。
顔はそのままにして、目を思い切り、下に動かします。
顔はそのままにして、右方向に目を動かします。
顔はそのままにして、左側に目を動かします。
顔はそのままにして目を左、上、右、下、と一周させます。
顔はそのままにして目を左、下、右、上と反対に回します。

目は大切にしたいものです。

読書好きを増やす提言

出版界では、「子どもの頃から読書の習慣」というキャッチフレーズで読書の推進運動をして、学校で朝の読書時間十分を教育に取り入れている学校があります。これは続けてほしいと願っています。

誕生日などのプレゼント、お年玉には、図書カードを加えていただきたいのです。

十月二十七日から十一月九日の二週間読書週間があります。学校教育でも特に読書週間中は、給食の前か後で読書の時間を取り、推進運動に参加していただきたいと思います。

マスコミも老人は目が悪いから本を読めないといったことよりも、本を読むことによって、ボケを防ぐ効果があることをアピールして、知的な老人を目指すことを目標に広報活動をしてほしいのです。それは今日本の増え続ける老人医療費を食い止める一助にもなることです。

学生たちには教科書でも、本でも音読を勧めることです、これは集中力を高め成績向上になると塾でも実践していることです。

日本は外国語を翻訳して刊行している世界文学全集や、外国で出版された本を日本語で読むことができるので、読書環境は非常に整った国です。

出版点数も世界の国に引けを取らないどころか、世界一です。新聞の発行部数も世界一です。その環境に感謝し読書好きを増やしたいものです。

第三章　音読ノート

この章では読者が実際に本を読んで発表までの間に何を候補にすべきか決めるまでの記録を残していただくページです。ですから読書感想文を書き残すためのものではありません。

自分がこの本なら音読しようと思う本にたどり着くまでのノートです。人によっては多くの本を読む方もいらっしゃるかもしれません。読んだ本から音読する本を決め、音読練習に時間をかけて発表に至ります。

まずは、読書した中から、一冊の本に絞り込みましょう。

☆「　　年　　年　　日」

「書名」

「著者」

「出版社」

「気になって辞書を引いた所」「資料を調べた箇所」「出典箇所のページ」

“アートスペース蔵” にて

☆「　　年　　年　　日」
「書名」
「著者」
「出版社」
「気になって辞書を引いた所」「資料を調べた箇所」「出典箇所のページ」

☆「　　年　　年　　日」
「書名」
「著者」
「出版社」
「気になって辞書を引いた所」「資料を調べた箇所」「出典箇所のページ」

第四章　出演者感想

「読書尚友音読会」に出演された方々に感想を聞いてみました。

男性：千秋さん：音読内容「国民投票のための憲法改正学」

「憲法改正の話は国民投票法案が成立、選挙年齢が十八歳になり、国会でも話題にテレビや新聞でうわさになっていましたが、『どこが改正しなければならないかを、かいつまんで聞かせてもらったので分かりやすかった』と言われました」

女性：飯沼さん：音読内容「一人のために」

「真剣にお客さんが聞いてくれてうれしかった。『一人のために』の『あの牛』が自分の好きな詩で最後に読めたのが良かった」

男性：辻川さん：音読内容「伊曾保物語」（イソップ物語文語体）

伊曾保物語はいつ頃のものなのですか‥‥「江戸時代にできました。鎖国の時代です、あまり外国のことは皆知らないように思われていましたが、トップの方々は国際事情に通じていました。ですから、キチッと翻訳する人はいました。鎖国時代といっても外国の国の事情をよく知っている教養ある人はいました。例えば、佐久間象山はオランダ語ができました、そのうちに英語も必要と独学で勉強しました」

いずれも“アートスペース蔵”で

女性：長沢さん：音読内容「楽園」「道のしるべ」

「皆さんが、静かに聞いてくださったのがうれしかったです。読んだ後藤静香の本の内容が良かった。他の出演者で慣れた人や上達している人が分かって、ますます練習したいと思いました」

女性：野口さん：音読内容「如是我聞」

「企画力が素晴らしかった。会場がお蔵なので音響が良く、マイクが無くても聞き取りやすかった。聞いてくださる人が集中されて、読み手の私も一層真剣さが増しました。発表された内容もそれぞれ違い楽しかった。更に花を生けてくださった二村さんや、絵を描いてくださった茨木さんも参加され『大人の文化祭』は良かったと思う」

第五章　ＣＤの歌詞

私もまもなく神保町での仕事が五十年になります。神保町の移り変わりを眺め、神保町の歴史を肌で感じてきました。そこで三曲、歌のＣＤを出しました。神保町への思いを込めた歌詞にしました。

「神保町音頭」は三味線の伴奏で、歌う時に「チャッパ」をたたきます。チャッパは打楽器で仏教儀式の鳴り物として使われていました。「銅鈸子《どうばっし》」、「銅拍子」とも言います。

歌舞伎では「チャッパ」と呼んでいます。「神保町音頭」はお祭りに歌い、踊っていただきたいのでにぎやかさが加わります（チャッパはＣＤには入っていないので、生で歌う時に一緒にたたきます）。

このＣＤは、神保町白山通りの「レコード社」で販売しています。社長の伊藤さんは「神保町を応援するため、レジの脇に三曲のＣＤを置いています」と励ましてくださいました。

【神保町の歌】 作詞・作曲 手塚容子

♪

神保町は素敵な町よ　書店がいっぱい　出版社いっぱい
神保町は素敵な町よ　学者学生　本好きいっぱい
神保町は素敵な町よ　読書尚友　古本まつり
神保町は素敵な町よ　活字文化をつなげる町よ
神保町は素敵な町よ　書籍を求め今日も行こう
今日も行こう　今日も行こう
本屋に行こう　今日も行こう

“神保町ブックフェスティバル”にて（著者）

山田書店前にて

【神保町で待ち合わせ】 作詞　手塚容子　作曲　茨田晃夫

♪

満ち足りた知恵の町での　待ち合わせ
本を愛する人たちの　多い町でした
神保町に来てみたら　本の誘惑多すぎて
あちこち書店をさまよって　あっという間の三時間
待ち合わせの喫茶店　行ってみたら驚いた
彼も二時間前に　本の街にきてました
「神保町で会いましょう」と言った時
絶対余裕の時間が　いりますね
未知との本を見つけた喜びで
デートの会話ははずんだの 本の話で盛り上がり
読書ノートの交換で二人を引き付け
幸福時間にゴールイン

数多い本の蔵書の　場所でした
初めての仕事の話と　打ち合わせ
神保町に来てみたら　ためになる本多すぎて
あちこち本棚さまよって　あっという間の一時間
待ち合わせの喫茶店　行ってみたら驚いた
相手も一時間前に 本の街にきてました
「神保町で会いましょう」と言った時
絶対余裕の時間が　いりますね。
未知との本を見つけた喜びで
仕事の会話ははずんだの　本の話で盛り上がり
初めて会った人なのにうちとけて
商談成立ゴールイン
本の街は知の宝庫　気に入る書籍に会いましょう
本の街は知の宝庫　気に入る雑誌に会いましょう
神保町で待ち合わせ　神保町で
神保町で待ち合わせ　神保町で
神保町で待ち合わせ　神保町で
神保町で待ち合わせ　神保町で

【神保町音頭】 作詞・作曲・踊り振り付け　手塚容子

♪
さあさ　みんなで　本と輪になろう
みんなで一緒に　踊りましょう
ここは東京神保町　好きな本をお目当てに
おいでよ　おいで本を探しに　沢山光る本の山
読書が身につくこの街で
好きな本を　見つけましょう
さあさ　知識の輪を広げ　みんなで楽しく踊ろうよ
世界中が　しあわせに　しあわせに

さあさ　みんなで　本と輪になろう
みんなで一緒に踊りましょう
ここは東京神保町　文化の花咲くこの街に
大きな　知恵の結晶が　沢山光る本の山
読書が　身につくこの街で
好きな本を　見つけましょう
昔の方や　今の方が　書いた書籍が一緒に並んで
この町で　お出迎え　お出迎え

終わりに

私は二〇〇六年から「読書尚友音読会」を始めました。その中に物故された方も何人かおりますが、毎年何らかの形で続けて来られたのは本好きの方が多くいらっしゃるからです。音読会の日は、いつもの読書と違い大人の文化祭、スペシャルデーだから続いているのです。

本書をお読みになって音読は頭がさえると感じられましたか、回りに読んで聞かせる対象は見つかりましたか。お孫さんでも、お見舞い先でも、誕生会でも、忘年会でも「音読」をする機会はたくさんあると思います。大いに実践してください。そして神保町のブックフェスティバル・古本まつりに神保町にいらしてください。「読書尚友音読会」にもご参加ください。

皆様にとって、これからもお元気で素晴らしい本との出会いがありますように。

そして全ての人が、充実した知的な生活が送れますように、祈念して終わりの言葉とさせていただきます。

手塚容子（てづかようこ）　㈱善本社代表取締役（読書尚友音読会主宰、音読研究家）

1950年名古屋市生まれ。

1973年時事通信出版局出身の山本三四男（父）が㈱善本社を創立。

同年善本社入社、営業、編集、自費出版部門を担当し出版の仕事を学ぶ。

宗教書、人生書、健康書、年史、絵本など幅広いジャンルの編集・製作経験を持つ。

出版後、著者の喜ぶ姿や、晴れやかな出版記念会で知名度を上げる著者の勇姿を誇らしく思う一方、著書を持てば人生が変わることを多くの人に知ってもらい、今も心に残る出版を研究し続けている。

2006年から「読書尚友音読会」を主宰し毎年一回以上音読会を開催し続けている音読研究家である。

月刊文化情報誌「本の街」にエッセイ「神保町の歌」を連載中。

歌CD：「神保町の歌」「神保町で待ち合わせ」「神保町音頭」の作詞や作曲もし、「神保町音頭」では三味線の演奏で本にまつわる振り付けをするなどして、神保町の街おこしに貢献している。

世界的に有名な本の街神保町で仕事を始めて約半世紀になる。

自著：「出版する時したい時」「今、出版が面白い」（日本図書館協会選定図書）「肥満予防に帯結び」「教育勅語絵本」（いずれも善本社刊）

音読は頭がさえる!!

著　者　手塚容子（てづか　ようこ）
カバー　村上正師（むらかみ　せいじ）

2019年4月14日　初版発行

発行者　矢澤文美
発行所　株式会社　善本社
〒101-0051　東京都千代田区神田神保町 2-14-103
☎　03-5213-4837
FAX　03-5213-4838

ISBN978-4-7939-0479—0　C2080